© Silmara Franco, Januária Cristina Alves (coordenação), 2012

COORDENAÇÃO EDITORIAL: Lisabeth Bansi
ASSISTÊNCIA EDITORIAL: Paula Coelho, Patricia Capano Sanchez
PREPARAÇÃO DE TEXTO: Andréia Pereira
COORDENAÇÃO DE PRODUÇÃO GRÁFICA: Dalva Fumiko N. Muramatsu
COORDENAÇÃO DE EDIÇÃO DE ARTE: Camila Fiorenza
PROJETO GRÁFICO: Camila Fiorenza, Caio Cardoso
DIAGRAMAÇÃO: Caio Cardoso
ILUSTRAÇÕES: Caio Cardoso, Thiago Cruz
PESQUISA ICONOGRÁFICA: Mariana Veloso Lima, Carol Böck, Carlos Luvizari
COORDENAÇÃO DE REVISÃO: Elaine Cristina del Nero
REVISÃO: Nair Hitomi Kayo
COORDENAÇÃO DE BUREAU: Américo Jesus
TRATAMENTO DE IMAGENS: Fabio N. Precendo, Rubens M. Rodrigues
PRÉ-IMPRESSÃO: Helio P. de Souza Filho, Marcio Hideyuki Kamoto
COORDENAÇÃO DE PRODUÇÃO INDUSTRIAL: Wilson Aparecido Troque
IMPRESSÃO E ACABAMENTO: NB Impress
Lote 779844
Cod 12078997

Dados Internacionais de Catalogação na Publicação (CIP)
(Câmara Brasileira do Livro, SP, Brasil)

Franco, Silmara
  Navegando em mares conhecidos : como usar a internet a seu favor / Silmara Franco
e Januária Cristina Alves (coordenação). – 1. ed. – São Paulo : Moderna, 2012. –
(Coleção informação e diálogo)
  ISBN 978-85-16-07899-7
  1. Internet (Rede de computador) – Literatura juvenil I. Alves, Januária Cristina. II. Título. III. Série.
  12-05371   CDD-028.5

Índices para catálogo sistemático:
1. Internet : Rede de computador : Literatura juvenil
028.5

REPRODUÇÃO PROIBIDA. ART. 184 DO CÓDIGO PENAL E LEI Nº 9.610, DE 19 DE FEVEREIRO DE 1998.

Todos os direitos reservados
EDITORA MODERNA LTDA.
Rua Padre Adelino, 758 – Quarta Parada
São Paulo – SP – Brasil – CEP 03303-904
Vendas e Atendimento: Tel. (011) 2790-1300
www.moderna.com.br
2023
Impresso no Brasil

Silmara Franco

Formada em Comunicação Social pela Fundação Armando Alvares Penteado (FAAP-SP), com especialização em Publicidade e Propaganda. Atuou por 20 anos nas áreas de marketing e comunicação. É escritora e blogueira <www.fiodameada.wordpress.com>.

Januária Cristina Alves

COORDENAÇÃO

Jornalista, mestre em Comunicação Social pela Escola de Comunicações e Artes da Universidade de São Paulo (USP-SP), infoeducadora e autora de mais de 50 livros para crianças e jovens.

Navegando em mares conhecidos
Como usar a internet a seu favor

Edição atualizada em 2019

1ª edição
2012

Sumário

Conectando	**7**
Começando pelo começo	
Era uma vez...	**9**
Linha do tempo da internet no Brasil	**14**
Por dentro da rede	**18**
As Gerações X, Y e Z	
Gerações X, Y e Z: o que é isso?	**21**
Os Xis	**22**
Os Ípsilons	**24**
Os Zês	**25**
Quem vem por aí?	**26**
Geração Alpha	**26**
Geração T	**26**
Educação e ética na internet	
Vamos definir educação?	**29**
Ética. Já ouviu falar?	**30**
Da mesma família	**31**
Netiqueta: é bom e eu gosto	**31**
Estudar com a internet: um (bom) desafio	**32**
Passado e presente	**32**
Os onze mandamentos para uma boa pesquisa na *web*	**34**

Comunicação e linguagem na internet

essi tau d netes (Esse tal de internetês)	**39**
a nossa lingua tah mudanu??!?! (A nossa língua está mudando?)	**40**

Internet: usos, abusos e netiqueta

Os usos	**44**
E-mail	**44**
Redes sociais	**48**
Blogs, *vlogs* e *flogs*	**52**
Comunicadores instantâneos	**57**
Compartilhando o mundo	**59**
Publicidade digital	**61**
Jogos *on-line*	**62**
Lan house	**63**
Os abusos	**64**
Vírus	**64**
Roubo de identidade (*phishing*)	**66**
Sexting	**67**
Cyberbullying (*bullying* virtual)	**68**
Comportamento de perseguição (*stalking behavior* e *cyberstalking behavior*)	**71**
Drogas digitais sonoras (drogas eletrônicas ou *e-drugs*)	**71**
QUIZ – Que tipo de internauta você é?	**72**

Mantendo a conexão — 74

Referências bibliográficas — 76

"Antes mundo era pequeno
Porque Terra era grande
Hoje mundo é muito grande
Porque Terra é pequena
Do tamanho da antena parabolicamará"

"PARABOLICAMARÁ", GILBERTO GIL, 1991

APRESENTAÇÃO

Conectando

Acredite, caro nativo da Geração Z: diferente de você, seus pais provavelmente já eram adultos quando se conectaram à internet pela primeira vez.

A internet é recente. Apesar de ter seu início registrado em meados dos anos 1970, foi por volta de 1990 – pouco antes de você nascer – que ela passou a ser utilizada da forma como a conhecemos hoje.

Em pouco menos de trinta anos, a rede mundial de computadores transformou boa parte do que há no mundo. Mexeu – e continua mexendo – no modo como as pessoas se comunicam, se relacionam, compartilham e lidam com as informações. Mudou e ainda mudará mais as formas de trabalho, a educação, a economia, o lazer, a imprensa, a política, as maneiras de ver TV, de ouvir música e de ler livros. Fez surgir uma nova geração, a sua, que já nasceu conectada.

Espelho da vida real, a internet também tem um lado avesso: seu uso indevido leva ao espaço virtual vários perigos "invisíveis", como a prática de crimes, violações contra os direitos humanos, exposição excessiva e desnecessária das pessoas, manifestações de ódio e intolerância, além do fenômeno das fake news (notícias falsas). Não dá para fazer esses perigos desaparecerem. No entanto, a gente pode se proteger. O.K., você já está cansado de ouvir isso... Mas a internet é para sempre. Então, precisamos aprender a usá-la com consciência e espírito crítico.

Este livro propõe a você pensar sobre essa poderosa ferramenta, para tirar o melhor proveito dela e navegar, com autonomia e segurança, pelas ondas dessa rede sem fim.

Começando pelo começo

Era uma vez...

O que a internet – rede de computadores interligados por linhas telefônicas, fibra ótica e satélites – tem a ver com a Guerra Fria? Se você respondeu "nada", melhor continuar lendo.

Nas décadas de 50 e 1960, durante a Guerra Fria, o governo norte-americano tinha medo de um ataque russo às suas bases militares. Surgia, em 1957, a Advanced Research Projects Agency (ARPA), em português, Agência de Projetos de Pesquisas Avançadas, para estimular o desenvolvimento tecnológico, com fins estratégicos e militares.

Em 1967, nascia a Arpanet, um sistema de transmissão de mensagens e arquivos entre computadores, com o objetivo de descentralizá-los. Assim, o país estaria protegido no caso de um ataque, e as informações sigilosas não correriam risco. Nessa época, um de seus idealizadores, o norte-americano Joseph Carl Robnett Licklider, já sugeria uma "rede intergaláctica", pensando no alcance que ela poderia ter. Em 1969, a Arpanet faz a primeira conexão bem-sucedida entre universidades norte-americanas.

No início da década de 1970, a ameaça da Guerra Fria passou e o ataque russo não aconteceu. Sem saber que estavam diante do embrião da internet, maior fenômeno midiático do século XX, os militares se perguntaram: o que fazer com a Arpanet? As comunidades acadêmica e científica viram nela uma utilidade para suas pesquisas. Nos anos 1980, o acesso à rede foi liberado aos profissionais das universidades, que começaram a se conectar com outras universidades pelo mundo. O resto você já sabe.

Navegando em mares conhecidos | Começando pelo começo

Guerra Fria

Após a Segunda Guerra Mundial (1939--1945), o planeta se dividiu em dois blocos políticos, com interesses e ideologias diferentes. De um lado, os Estados Unidos da América, ícone do capitalismo; e do outro, a União Soviética, símbolo do comunismo. Guerra Fria é a guerra não declarada (sem confronto armado) entre as duas superpotências, cujo período compreendeu o final da Segunda Guerra Mundial até a extinção da União Soviética, em 1991.

É internet e ponto final

No começo, algumas pessoas afirmavam que "internet" deveria ser grafada com "i" maiúsculo. Não faz sentido. Você não escreve televisão, rádio ou qualquer outro nome de meio de comunicação com maiúscula, certo? O mesmo vale para *web* e net, que devem sempre ser escritas com minúsculas.

Você sabia?

WWW é a abreviação do termo em inglês *world wide web*, ou "rede do tamanho do mundo". Em 1990, o inglês **Tim Berners-Lee**, um cientista da computação considerado o pai do www, desenvolveu um projeto que permitia o trabalho das pessoas em conjunto na rede.

Em 1970, **Vinton Cerf**, matemático e cientista da computação norte-americano, usou, pela primeira vez, o termo "internet".

O **mouse** (rato, em inglês) foi inventado pelos norte-americanos Bill English e Douglas Engelbart, na década de 1960, e patenteado em 1970. O primeiro modelo, uma caixinha de madeira com um botão que deslizava sobre duas rodinhas, foi batizado "XY Position Indicator For A Display System" (algo como "indicador de posição para tela XY"), porque só fazia movimentos na horizontal e vertical. O apelido surgiu, talvez, porque alguém achou o fio que o ligava ao computador parecido com a cauda de um rato.

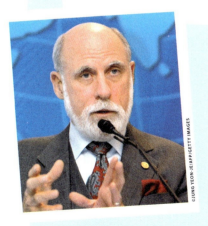

Navegando em mares conhecidos | Começando pelo começo

Número de usuários da internet em 2018

ÁSIA
2,024 bilhões

Nadando em números

Em 1995, a internet tinha 45,1 milhões de usuários no mundo. Em 2018, essa marca passou dos 4 bilhões de usuários (quase a metade da população mundial, que alcançou 7,6 bilhões nesse ano). Ou seja, no mundo, uma pessoa a cada duas já navegou na rede. Além disso, estima-se que em 2025, 5 bilhões de pessoas se conectarão à internet por meio de redes móveis.

Segundo a Verisign, empresa que atua na área de segurança de redes, internet e telecomunicações, em 2018 o total de nomes de domínios na internet (endereços de páginas) chegou a 333,8 milhões no mundo.

Antes que você acabe de ler este livro, esses números já serão outros. Na internet é assim: tudo muda o tempo todo!

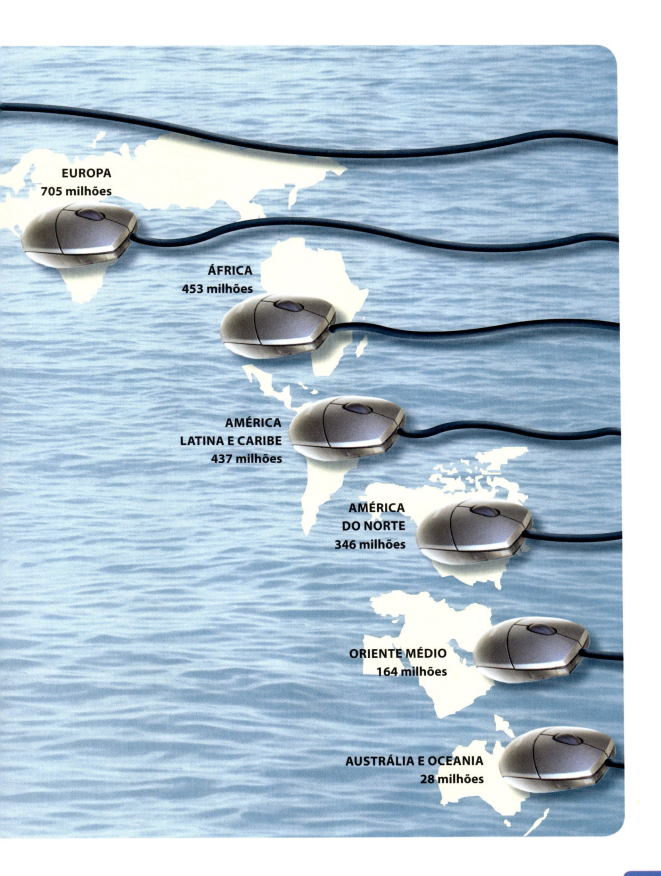

Navegando em mares conhecidos | Começando pelo começo

Linha do tempo da internet no Brasil

1988
- Instituições de ensino e centros de pesquisa brasileiros se conectam pela internet com várias universidades dos Estados Unidos.
- Surge o Alternex, primeiro serviço brasileiro de acesso à internet fora da comunidade acadêmica.

1989
- Ministério da Ciência e Tecnologia cria a Rede Nacional de Pesquisa (RNP), dando acesso à internet a 600 instituições de ensino e pesquisa, atendendo a uma comunidade de 65 mil usuários.

1990 1991 1992 1993

1994
- A Embratel começa a prestar serviços de acesso à internet à população, em caráter experimental.
- Em 17 de julho, o jornal *Folha de S.Paulo* publica matéria especial sobre a internet, com a manchete "A superinfovia do futuro: nasce uma nova forma de comunicação que ligará por computador milhões de pessoas em escala planetária".

1995

- O *Jornal do Brasil* é o primeiro jornal brasileiro na internet: "O JB no *cyberespaço*", em edição de 28 de maio.
- Banco Bradesco inicia seus serviços na internet.
- "Explode Coração", de Gloria Perez, é a primeira telenovela brasileira a mencionar a internet em seu enredo (Rede Globo).

1996

- **Brasil tem 100 mil internautas.**
- Nasce o Universo Online (UOL), provedor de internet.
- Gilberto Gil lança a música "Pela internet" através da própria rede, com uma versão acústica e bate-papo com os internautas.

1997

- A internet decola no país. Surgem centenas de provedores de internet, todos pagos.
- 700 mil pessoas entregam suas declarações de Imposto de Renda pela internet.

1998

- **Brasil tem 7,6 milhões de internautas.**
- A Jovem Pan começa a transmissão de rádio pela *web*.

1999

- **Brasil tem 2 milhões de internautas.**
- O resultado das eleições para presidente, governadores e deputados é publicado em tempo real.

Navegando em mares conhecidos | Começando pelo começo

2000
- **Brasil tem 9,8 milhões de internautas.**
- Banda larga e aparelhos de telefonia celular com acesso à internet chegam ao país.

2001
- **Brasil tem 11,1 milhões de internautas.**

2002
- Wi-Fi (wireless fidelity, a internet banda larga sem fio) chega ao país.

2003

2004

- Brasil lidera o Orkut.
- Microsoft lança a versão Beta do MSN Messenger 7.0, o comunicador instantâneo mais pop do país.

2005
- **Brasil tem 32 milhões de internautas.**
- Brasileiro passa, em média, 15 horas e 14 minutos por mês na internet. É o maior tempo de navegação do mundo, deixando o Japão para trás.

2006
- **Brasil tem 64,8 milhões de internautas.**
- Criado por dois ex-funcionários do Yahoo!, é lançado o WhatsApp, aplicativo de mensagens instantâneas que se tornará o mais popular do Brasil.

2007
- **Brasil tem 39 milhões de internautas e 40 milhões de computadores instalados.**

2008
- **Brasil tem 43,1 milhões de internautas.**
- Pesquisa da SaferNet Brasil (ONG dedicada à segurança na internet) avisa: os pais não sabem o que seus filhos fazem na internet.
- O iPhone, smartphone da Apple, chega ao Brasil.

2009

2010
- O iPad, *tablet* da Apple, chega ao Brasil.

2011
- Brasil tem 82,4 milhões de internautas.
- Brasil é o 2º país em número de usuários no Facebook, com 46 milhões, ficando atrás somente dos Estados Unidos (157 milhões).

2012
- Somos 77,8 milhões de internautas, a terceira maior audiência do planeta. Só estamos atrás dos Estados Unidos e do Japão.

2013
- Movimento contra o aumento da tarifa do transporte público provoca a maior onda de protestos da história do país, com mobilizações articuladas principalmente por meio das redes sociais (Facebook, Twitter e WhatsApp).

2014
- Brasil conta com 95,4 milhões de internautas.
- É sancionada a lei do Marco Civil da internet, que regulamenta direitos e obrigações de usuários e provedores de serviços e conteúdos.

2015
- Em fevereiro e dezembro, a Justiça brasileira determinou o bloqueio do WhatsApp porque a empresa não estaria colaborando em investigações criminais. O fato se repetiu em 2016.

2016
- Número de internautas no país chega a 116 milhões.
- Brasil cada vez mais móvel: quase 90% dos internautas usam o *smartphone* para navegar na *web*.

2017
- O fenômeno Baleia Azul, jogo virtual com desafios para os participantes (de automutilações até o suicídio), assusta famílias brasileiras, fazendo várias vítimas adolescentes e jovens, supostamente ligadas ao jogo.

2018
- Facebook admite o vazamento de dados pessoais de 87 milhões de usuários no mundo, entre eles, 443 mil brasileiros.
- Na greve dos caminhoneiros, em maio, o WhatsApp deu show: foi pelo aplicativo que os caminhoneiros se mobilizaram e pararam o país por dez dias.
- Durante as Eleições para Presidente da República, Governador, Senador e Deputados Federal e Estadual, notícias falsas foram maciçamente divulgadas por meio das redes sociais, em especial o WhatsApp.
- O piauiense Whindersson Nunes é dono de um dos 10 principais canais de You Tube do mundo, com 26,3 milhões de seguidores e 2,1 bilhão de visualizações.

Navegando em mares conhecidos | Começando pelo começo

Por dentro da rede

Um computador, um modem, uma conexão por cabo ou telefone (fixo ou celular), um navegador (*browser*) e um provedor. Eis o que você precisa para se conectar à internet.

Para carregar uma página da internet, você digita na barra de endereço do seu navegador (*browser*) uma URL (do inglês "Uniform Resource Locator", algo como "localizador uniforme de recursos" ou, simplesmente, o endereço do *site* que você quer acessar), formada pelo protocolo http (a linguagem que um computador usa para "falar" com outro) e o nome do servidor.

Assim que você tecla *enter*, uma grande viagem começa.

O servidor DNS procura o endereço digitado em seus registros ou em outros servidores. Assim, o servidor DNS pode localizar o servidor que tem os dados da página que você quer acessar.

2

SERVIDORES

1 Primeiro, seu computador irá contatar uma rede de servidores DNS (do inglês "Domain Name System" ou sistema de nomes de domínio).

INTERNET

POSSO?
PODE!

MODEM

COMPUTADOR

SCROLL
SCROLL

CONEXÃO POR TELEFONE OU REDE DE CABOS

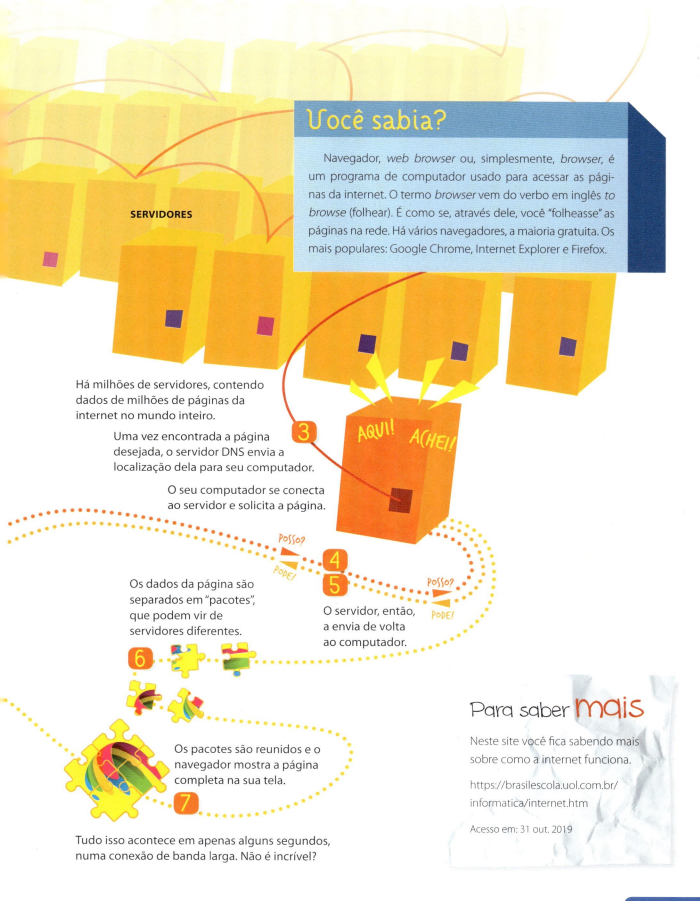

Você sabia?

Navegador, *web browser* ou, simplesmente, *browser*, é um programa de computador usado para acessar as páginas da internet. O termo *browser* vem do verbo em inglês *to browse* (folhear). É como se, através dele, você "folheasse" as páginas na rede. Há vários navegadores, a maioria gratuita. Os mais populares: Google Chrome, Internet Explorer e Firefox.

SERVIDORES

Há milhões de servidores, contendo dados de milhões de páginas da internet no mundo inteiro.

Uma vez encontrada a página desejada, o servidor DNS envia a localização dela para seu computador.

O seu computador se conecta ao servidor e solicita a página.

Os dados da página são separados em "pacotes", que podem vir de servidores diferentes.

O servidor, então, a envia de volta ao computador.

Os pacotes são reunidos e o navegador mostra a página completa na sua tela.

Tudo isso acontece em apenas alguns segundos, numa conexão de banda larga. Não é incrível?

Para saber mais

Neste site você fica sabendo mais sobre como a internet funciona.

https://brasilescola.uol.com.br/informatica/internet.htm

Acesso em: 31 out. 2019

Navegando em mares conhecidos | Começando pelo começo

As Gerações X, Y e Z

Gerações X, Y e Z: o que é isso?

Geração: conjunto de indivíduos nascidos na mesma época. Cada geração tem suas características e seu modo de pensar e agir, de acordo com o que vive, ouve, vê e lê.

As gerações X, Y e Z, surgidas a partir da década de 1960, precederam a revolução tecnológica. Por ser recente, os estudiosos dificilmente chegam a um consenso com relação aos períodos exatos que as determinam. Mas podemos aceitar as seguintes definições:

Geração X – nascidos entre 1960 e 1977

Geração Y – nascidos entre 1978 e 1990

Geração Z – nascidos entre 1990 e 2010

Esta geração assistiu ao homem ir à Lua, em 1969, numa TV em preto e branco.

Na década de 1980, já grandinha, conheceu o computador pessoal. Em meados da década de 1990, adulta, viu a internet pela primeira vez. É marcada pela busca da individualidade e pelo questionamento dos valores éticos e morais. Não acredita muito na política, mas reivindica seus direitos na sociedade.

Você sabia?

O **Z1**, considerado o primeiro computador digital binário do mundo, foi desenvolvido em 1938 pelo engenheiro alemão Konrad Zuse e seu colega Helmut Schreyer. Fazia cálculos simples, como multiplicação e divisão, a partir de instruções inseridas através de um cartão perfurado.

Mulheres operando o ENIAC.

O **Electrical Numerical Integrator and Computer (ENIAC)**, em português algo como "computador e integrador numérico-elétrico", foi o primeiro computador digital eletrônico produzido em grande escala. Era bem grandinho: pesava 30 toneladas, tinha 5,50 m de altura, 25 m de comprimento e ocupava 180 m². Foi criado pelos cientistas norte-americanos John Eckert e John Mauchly, em 1946.

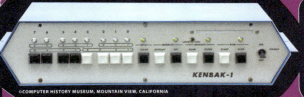

O **Kenbak-1** é considerado o primeiro computador pessoal do mundo. Lançado em 1971, media aproximadamente 11 cm x 49 cm x 30 cm e possuía apenas 256 *bytes* de memória RAM.

Navegando em mares conhecidos | As gerações X, Y e Z

Os Ípsilons (1978 a 1990)

A Geração Y, também chamada de Geração Milênio, nasceu em frente à TV em cores e, os mais novos, ao computador com acesso à internet em banda larga.

No Brasil, essa geração não conheceu a ditadura política, cresceu numa democracia. Os nascidos nela estão conectados o tempo todo e são multitarefas: estudam, conversam no *chat*, ouvem e baixam música, conferem as atualizações do Facebook e Instagram, e brincam com o cachorro – tudo ao mesmo tempo. Acham uma bobagem decorar as informações, já que podem acessá-las a qualquer momento. Escrevem pouco à mão, o negócio é digitar. Para eles, a internet substitui uma biblioteca. Adoram traquitanas tecnológicas e não se importam em compartilhar com meio mundo sua privacidade, com fotos e *posts* nas redes sociais. Podem se sobrecarregar com a quantidade e velocidade das informações. Tendem a ser superficiais, mas são preocupados com o meio ambiente. Em relação à geração anterior, são mais engajados socialmente e não gostam de injustiças. São informais, ansiosos, impacientes, imediatistas e ligeiramente egoístas. Mas têm o sincero desejo de tornar o mundo um lugar melhor para se viver.

Para saber mais

Vídeo **"We All Want to Be Young"** (Todos nós queremos ser jovens).
Produtora: Box 1824
(http://www.box1824.com.br).
Fonte: http://vimeo.com/16641689
Acesso em: 31 out. 2019.

NÃO, MEU FILHO, VOCÊ NÃO FOI BAIXADO PELA INTERNET. VOCÊ NASCEU!

Os Zês (1990 a 2010)

É com você que estamos falando, caro nativo da Geração Z.

Você tem todas as características da Geração Y, só que mais acentuadas, pois cresceu em meio aos avanços tecnológicos. Você não imagina o mundo sem internet, controle remoto, *smartphone* e *notebook*. Não à toa, o "Z" vem do termo "zapear". Se as gerações anteriores se conectavam ao mundo através de um trambolho instalado em casa, você, da Geração Z, o faz com um dispositivo móvel, praticamente de qualquer lugar. Enciclopédia, para você, é a Wikipédia. Não sabe o que seria da sua vida sem o Google. Torce o nariz se tiver que pagar, na internet, por conteúdos como *download* de músicas e livros. Sustentabilidade, meio ambiente e responsabilidade social estão no seu vocabulário desde o maternal, coisa que a Geração X só aprendeu depois de adulta. Por estar conectado o tempo todo, pode ter dificuldade para se concentrar. Os mais novos da sua geração tiveram seus nascimentos transmitidos pela internet em tempo real da maternidade para familiares e amigos.

Vídeo do Banco Itaú, inspirado no vídeo canadense "Une disquette? C'est quoi ça?" (Um disquete? O que é isso?), postado no *site* La Presse, mostra crianças de hoje não reconhecendo objetos como disquete, telefone de disco, fita VHS e Game Boy, de um passado nem tão distante assim.
http://www.youtube.com/watch?v=CboING66l_A
Acesso em: 31 out. 2019.

Navegando em mares conhecidos | As gerações X, Y e Z   25

Geração Alpha

Nascidos a partir de 2010, depois da crise econômica mundial que teve início nos Estados Unidos, em 2008, os filhos da Geração Y estão sendo chamados de Geração Alpha. Quem são eles?

As previsões são de que essa turma – cria legítima do século XXI – terá mais acesso ainda à informação, entrará mais cedo na escola e passará mais anos nela. Só o tempo dirá!

Geração T

Outro grupo que apareceu no pedaço não tem a ver com idade, e sim com atitude: a Geração T. São crianças, jovens e adultos que vivem conectados e sabem tudo que acontece à sua volta e no mundo, mas não estão preocupados em analisar, pensar criticamente ou ter opinião sobre nada. São apenas testemunhas – daí o T – do que está rolando. Estão à toa na vida, vendo a banda passar.

Falando sério!

Você não sabe o que é o mundo sem computador e internet. Que tal um exercício? Proponha ao seu professor e amigos passar alguns dias fazendo suas lições e trabalhos escolares somente com livros, cadernos e canetas. Depois, registre suas impressões e debata o assunto em sala de aula.

Para saber mais

Divertido diálogo no qual um macaco tenta explicar a um burro o que é um livro: não é eletrônico, não tem mouse, não interage, nem dá para retuitar.

SMITH, Lane. **É um livro**. Tradução de Júlia Moritz Schwarcz. São Paulo: Companhia das Letrinhas, 2010.

Educação e ética na internet

Vamos definir educação?

A gente vive falando esta palavra – educação – aqui e ali, mas o que será que ela quer dizer?

Apesar de ser um tema amplo, educação pode ser definida com a ajuda de um dicionário:

educação. [Do lat. *educatione*.] *S.f.* Processo de desenvolvimento da capacidade física, intelectual e moral da criança e do ser humano em geral, visando à sua melhor integração individual e social.

Agora você vai perguntar: o que educação tem a ver com internet?

Tudo, se a gente entender que são as pessoas que fazem a internet. E, como ela é para sempre, é importante pensarmos na forma como a estamos construindo e nos posicionando diante dela, a cada vez que nos conectamos.

Navegando em mares conhecidos | Educação e ética na internet

Ética. Já ouviu falar?

Claro que sim. Mas se você pedir a alguém para explicá-la, aí é que são elas.

Em linhas gerais, ética é um ramo da filosofia que trata dos valores sociais, diferenciando o que está certo do que está errado.

Resumindo: ser ético é agir sem prejudicar as outras pessoas (e demais seres vivos) e o meio ambiente.

Na internet, ética é fundamental. Ser ético na rede é não postar uma foto do seu amigo sem autorização, nem imagens que possam causar constrangimento a alguém; não sair por aí enviando notícias falsas, não espalhar o ódio e a intolerância através de atitudes e comentários preconceituosos. Um monte de "nãos", é verdade. Mas que ajuda todo mundo a viver melhor.

Para saber mais

SaferNet Brasil
Disponível em: http://www.safernet.org.br/site/sites/default/files/netiqueta.pdf
Acesso em: 31 out. 2019.

Coletânea de famosos textos apócrifos que circularam – e ainda circulam – na internet, com os devidos esclarecimentos sobre suas autorias.

RÓNAI, Cora. **Caiu na rede.** Rio de Janeiro: Agir, 2006.

Para ajudar a entender o tema, o autor busca na Grécia Antiga as bases do que hoje chamamos de ética.

VALLS, Álvaro L. M. **O que é ética.** 9.ed. São Paulo: Brasiliense, 1994. (Coleção Primeiros Passos, n.177).

Da mesma família

A ética e a etiqueta são parentes. Etiqueta é o conjunto de regras de comportamento numa sociedade. E vai muito além de saber usar os talheres num jantar. É ser gentil, educado, cuidar bem dos relacionamentos e do mundo.

Netiqueta: é bom e eu gosto

A internet também tem suas regras para a boa convivência entre os internautas. É a **netiqueta**, que significa tratar, na rede, as pessoas como você gostaria de ser tratado. Você vai ler mais sobre isso no capítulo "Internet: usos, abusos e netiqueta".

Falando sério!

Parece, mas não é

Uma das armadilhas da *web* é o internauta acreditar em tudo que lê. Isso vale para qualquer assunto, mas a literatura, em especial, tem se tornado uma das maiores vítimas. Arnaldo Jabor, Luis Fernando Veríssimo, Martha Medeiros, Clarice Lispector e Cecília Meireles que o digam. Eles estão entre as principais vítimas dos textos apócrifos (não autênticos) que rolam soltos na rede. Isso é antiético. Se você recebeu um texto e achou legal, procure checar a autoria antes de sair encaminhando por aí.

Estudar com a internet: um (bom) desafio

O surgimento da escrita, há 6 mil anos, e a invenção da impressão, em 1442 (Gutenberg, c. 1398-1468), materializaram e centralizaram o conhecimento. Hoje, com a *web*, o que temos é a descentralização do saber. Em pouco menos de trinta anos, a internet já modificou a forma de estudar. Como as informações se multiplicam na rede a cada segundo, pesquisar na *web* é um convite à dispersão e ao não aprofundamento da compreensão dos temas acessados. O desafio para o estudante é manter a atenção tanto no que lê quanto em como lê.

Passado e presente

Seus pais estudavam e aprendiam de um jeito diferente de você. Quando eles tinham sua idade, não havia computador, muito menos acesso à internet. Eles frequentavam bibliotecas e consultavam as enormes enciclopédias que ficavam nas estantes. Talvez se lembrem das provas e apostilas feitas no mimeógrafo (uma geringonça usada pelos professores para fazer cópias) e da máquina de escrever.

Você sabia?

Thomas Alva Edison (1847-1931), inventor do fonógrafo e da lâmpada incandescente, criou, em 1887, o **mimeógrafo**, antecessor da máquina de xerox. O texto era datilografado em uma máquina de escrever, usando um papel especial, o estêncil. Depois, o estêncil era colocado no mimeógrafo e, num processo que utilizava álcool para a impressão, as cópias eram feitas.

Você sabia?

Imagine que, ao escrever uma palavra no seu computador, ela já saia impressa em um papel. A **máquina de escrever** era mais ou menos isso, só que uma engenhoca muito mais simples. O primeiro protótipo dela surgiu por volta de 1714, mas somente em 1867 foi fabricada uma máquina de escrever que realmente funcionava. Com o tempo, elas foram substituídas pelos computadores e processadores de texto. Mas elas existem até hoje, mais aperfeiçoadas (têm memória, editor de texto e conexão para computadores, servindo também como impressora). A última empresa que ainda fabricava a versão mecânica fechou as portas em 2011, na Índia.

Máquina de escrever antiga.

Máquina de escrever elétrica IBM, da década de 1980.

Navegando em mares conhecidos | Educação e ética na internet

Os onze mandamentos para uma boa pesquisa na *web*

1 Para começo de conversa: ninguém precisa ficar conectado o tempo todo, certo? Então, para estudar, é legal **silenciar** as notificações do celular e fechar as redes sociais.

2 O **Google** é uma excelente ferramenta de busca. Mas atenção: os *sites* dos primeiros resultados da pesquisa não são necessariamente os melhores ou mais confiáveis. O Google usa muitas variáveis para definir quem aparece primeiro, entre elas o número de acessos e *links* apontando para a página.

3 A **Wikipédia** é bastante útil, se utilizada com cuidado. Como são os próprios internautas que fazem seu conteúdo, e este não é checado pelo administrador do *site*, pode haver informações erradas ou imprecisas. Verifique se o artigo tem os itens:

- "referências"
- "ver também"
- "ligações externas"

A ausência dessas informações pode significar que o artigo está desatualizado, foi elaborado superficialmente ou, ainda, que não tem credibilidade.

4 **Procedência** é tudo: procure bibliotecas virtuais, *sites* de revistas, jornais e instituições respeitados. Faça consultas em mais *sites*, para checar se as informações são as mesmas.

5 Para evitar milhões de resultados, **filtre a busca** por palavra-chave ou digite a expressão entre aspas.

6 **Verifique** se o autor do artigo está identificado e se é especialista no tema. Isso não dá certeza de veracidade, mas é um bom sinal.

Nadando em números

94% das pessoas não passam da primeira página de resultados em suas pesquisas no Google.

7 Preste atenção à **linguagem** utilizada. Não dá para confiar num *site* com erros de português ou de ortografia.

8 Observe a **data de publicação** do artigo. Se for muito antigo, pode estar desatualizado.

9 A cada pesquisa, a quantidade de *links* que surgem é enorme. **Mantenha o foco** da sua pesquisa e, se for o caso, salve os outros *links* que achou interessantes para ler depois.

10 Superimportante: **propriedade intelectual e direito autoral** são coisas sérias também na internet. Ao citar ou reproduzir um artigo, texto, vídeo ou imagem em seu trabalho escolar, informe o *site* de onde ele foi tirado, a autoria e a data em que a página foi acessada. O mesmo vale se for compartilhar a obra de alguém.

11 **Internet não é tudo.** Consulte livros e vá a bibliotecas. Como seus pais faziam.

Navegando em mares conhecidos | Educação e ética na internet

Falando sério!

Ao fazer seus trabalhos, você é da turma que "copia e cola"? Saiba que isso não é fazer pesquisa. O fundamental é compreender o conteúdo pesquisado e, depois, escrevê-lo do seu jeito. A internet nos ajuda nos estudos, mas a gente precisa aprender a aprender. Qual a sua opinião sobre isso?

Uma pesquisa feita em 2012 na Inglaterra concluiu que crianças e jovens entre 6 e 15 anos, quando têm alguma dúvida, preferem perguntar ao Google, e não a seus pais ou professores. E você, a quem recorre primeiro?

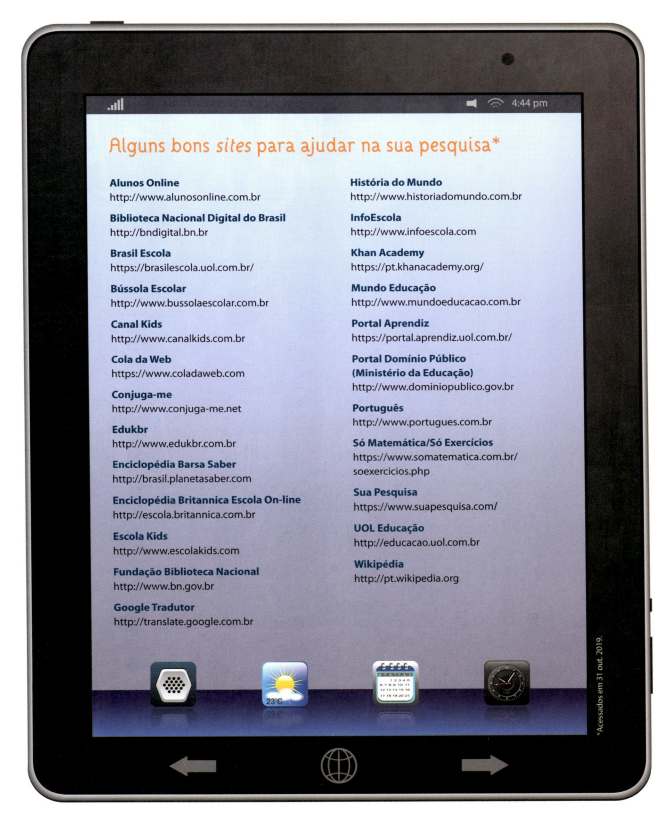

Navegando em mares conhecidos | Educação e ética na internet

Comunicação e linguagem na internet

essi tau d netes
(Esse tal de internetês)

Se você pensa que foi a sua geração que inventou a linguagem abreviada e simplificada, como o internetês, está enganado. Isso não é novidade. É um recurso que a humanidade lança mão, desde que o mundo é mundo, para agilizar a comunicação.

O telegrama, inventado em 1832, era um sistema de transmissão de mensagens em código, com combinações de sinais curtos (pontos) e longos (traços), representando letras e números. Depois, passou a ser escrito. Chegou ao Brasil em 1852, modernizou-se e é utilizado até hoje.

As características da linguagem de um telegrama são parecidas com as das mensagens em internetês:

- Rapidez e objetividade.
- Uso de abreviações.
- Ausência de preposições e acentos.
- Acentuação diferente nas palavras oxítonas, como em "é", que vira "eh"; "lá" ("lah").

Reprodução de telegrama enviado em 1984 pelo governador de Minas Gerais, Tancredo Neves.

Navegando em mares conhecidos | Comunicação e linguagem na internet

a nossa lingua tah mudanu??!?!
(A nossa língua está mudando?)

A língua é dinâmica e viva. Ela pode mudar e se adaptar (ao contrário do latim, por exemplo, considerada uma língua morta, estática, porque não é mais usada). Hoje, com a internet, a linguagem escrita tende a se aproximar da oral (falada). Mas é cedo para afirmar se a nossa língua mudará por conta disso.

Pode ficar tranquilo: não há problema em usar o internetês. Só fique esperto: apesar de ser próprio da *web*, é legal usar o internetês com critério, e não como sua única opção de linguagem.

Algumas dicas:

Não se usa o internetês:
- Em trabalhos escolares
- Nas provas
- Em comunicações mais formais (bilhetes, convites, cartões...).

Aqui, o que vale é a norma culta.

Pense antes de usar:
- Em *blogs*
- Nas redes sociais

Afinal, nem todo mundo que acessa suas páginas domina o internetês. E você quer se fazer entender, certo?

Use à vontade (desde que a outra pessoa também domine o internetês):
- No WhatsApp ou outros aplicativos de mensagem.

Vale lembrar: o internetês não se resume à linguagem abreviada e simplificada. Algumas palavras originadas na informática já foram incorporadas ao nosso vocabulário e estão presentes nos dicionários, como *e-mail*, *on-line*, *off-line*, deletar.

Falando sério!

Você acha que a tecnologia da internet estimula a escrita (no caso dos *blogs* e redes sociais) e a leitura (com os *tablets*)?

Você sabia?

Algumas palavras bem conhecidas já sofreram transformações ao longo dos tempos. Veja dois exemplos:

- **Vossa Mercê > Vossemecê > Vosmecê > você**

- **Que é feito de? > Que é de? > Quéde? > Quedê? > cadê?**

Navegando em mares conhecidos | Comunicação e linguagem na internet

Internet: usos, abusos e netiqueta

Todo internauta precisa saber quatro coisas básicas:

1

A internet não esquece. Quando você posta algo na rede, é impossível voltar atrás. Mesmo que depois você apague o que publicou, as informações já ficaram em algum servidor e poderão ser acessadas e vistas no "cache", ou mesmo ser impressas (*print screen*) e salvas em dispositivos de desconhecidos.

2
Senha é coisa séria.
Nas redes sociais, no WhatsApp, nos sites de jogos e em qualquer aplicativo, você sempre terá a sua senha. Ela é pessoal; não a informe para ninguém, nem para seu melhor amigo.
É bom trocá-la de vez em quando.

3
Privacidade é fundamental.
Sempre configure as opções de privacidade disponíveis, onde quer que você navegue (especialmente nas redes sociais). Assim, você pode definir quem pode e quem não pode ver suas coisas. Fazendo isso, você não terá dor de cabeça depois.

4
Nós somos a internet.
E a forma como nos comportamos nela é que faz dela um ambiente gostoso de conviver – ou não. As boas maneiras do mundo real valem no mundo virtual também.

Além dessas dicas superimportantes, nós preparamos mais algumas para você usar todas as ferramentas da internet com ética e segurança.

Os usos

E-mail

Depois que o *e-mail* foi inventado, a comunicação nunca mais foi a mesma. As cartas, os bilhetes, os cartões de Natal em papel etc., se não chegaram a desaparecer, diminuíram bastante. Os antigos memorandos impressos (correspondências internas de uma empresa) simplesmente sumiram.

Nadando em números

Estima-se que, em **2017**, cerca de **269** bilhões de e-mails foram enviados por dia, no mundo.

Fique de OlhO 8-)

A curiosidade matou o gato. Controle-se e exclua mensagens de pessoas desconhecidas, principalmente as que têm *links* e anexos.

Não se esqueça de ativar as opções *antispam*.

Vale para tudo: se você receber alguma mensagem com conteúdo suspeito ou criminoso, como racismo, pornografia infantil ou cenas de violência contra crianças e animais, converse com um adulto de confiança e denuncie no *site* da SaferNet Brasil, entidade que atua no combate aos crimes e violações dos direitos humanos na internet. É lá que funciona a Central Nacional de Denúncias de Crimes Cibernéticos (www.safernet.org.br).

Netiqueta

No mercado de trabalho e em comunicações mais formais, o e-mail ainda é bastante utilizado. Aqui vão dicas importantes sobre como usá-lo. No final das contas, não importa a ferramenta, o importante é a boa educação e o bom senso em tudo

1 Ao começar uma mensagem, uma saudação vai bem, assim como as palavrinhas mágicas "Por favor" e "Obrigado". Ao terminar, sempre se despeça.

2 Antes de enviar uma mensagem para todo mundo, pense bem se as pessoas têm interesse em recebê-la. Nem todo mundo gosta de correntes e de mensagens de autoajuda.

3 Mensagem com campo "assunto" em branco é forte candidata ao esquecimento. Deixe claro sobre o que é sua mensagem.

4 Sempre que receber um *e-mail* de alguém conhecido, confirme o recebimento e responda assim que possível.

5 Muita calma na hora de "responder a todos". Pense se as pessoas que também receberam a mensagem precisam ver sua resposta. Na maioria dos casos, ela só interessa ao remetente.

6 Quando enviar um *e-mail* para uma lista de contatos, procure colocar os endereços nos campos CCO (cópia oculta) ou BCC (*blind carbon copy* ou cópia carbono oculta). Assim, todos o receberão, mas um não ficará sabendo do outro. Isso é privacidade.

7 Se você recebeu uma mensagem coletiva que achou legal e pretende encaminhá-la a seus contatos, além da dica anterior, não se esqueça de excluir, no corpo da mensagem, os endereços eletrônicos das outras pessoas. Existem programas de computador que "caçam" endereços de *e-mail*, para enviar *spams* depois.

8 Erros de português ou de digitação não pegam bem. Que tal revisar o que escreveu antes de enviar?

9 Nada de ruim acontece a alguém que quebra correntes na internet. Não passe adiante esse tipo de mensagem; elas não têm utilidade alguma. Quase ninguém gosta.

Você sabia?

O primeiro *e-mail*

O primeiro e-mail da história foi enviado em 1969, quando os computadores da Universidade da Califórnia, em Los Angeles (UCLA) se conectaram com os do Stanford Research Institute, ambos nos Estados Unidos. Mas o envio da mensagem – com uma única palavra, "login" – foi interrompido, e a conexão caiu.

Em 1971, Ray Tomlinson foi a primeira pessoa a enviar um e-mail bem-sucedido. Ele trabalhava numa empresa de tecnologia contratada pelo Departamento de Defesa dos Estados Unidos. Para testar a invenção, enviou uma mensagem a si mesmo. O "endereço" do destinatário era simples: nome da pessoa e nome do computador. Para separá-los, era preciso um caractere que não fosse letra, nem número, para não ser confundido com os nomes. Tomlinson escolheu, no teclado, o símbolo @, que também significa, em inglês, "em", "na" ou "no".

O primeiro emoticon

Scott Fahlman, professor da Carnegie Mellon University (Estados Unidos), queria inventar um jeito de diferenciar, nas mensagens eletrônicas, as brincadeiras dos assuntos sérios. Sugeriu aos colegas usarem a sequência que ficaria universalmente famosa – ":-)" – para representar um sorriso, e sugeriu ":-(" para o contrário. Isso foi em 1982. A partir daí outros emoticons surgiram, evoluíram e viraram a febre que são hoje.

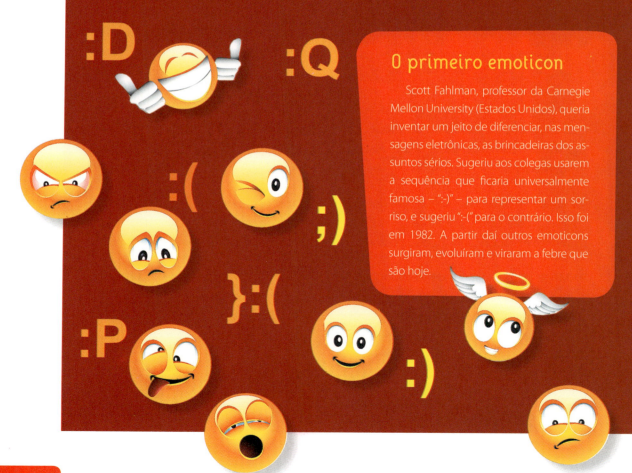

- Calem-se! Calem-se!
- Adorável spam! Maravilhoso spam!

Para saber mais

Vídeo do grupo inglês Monty Python, satirizando o apresuntado SPAM, que deu origem ao termo *spam*.

https://www.youtube.com/watch?v=zLih-WQwBSc

Acesso em: 31 out. 2019.

O primeiro *spam*

Em 1978, Gary Thuerk trabalhava numa empresa fabricante de computadores e enviou, através da Arpanet, um e-mail para cerca de 600 usuários de universidades que já utilizavam a internet, anunciando um novo produto da companhia. Foi o primeiro **spam** do mundo.

Existem várias versões para a origem do termo *spam*. A mais aceita ou, pelo menos, mais divertida, é esta: em 1937, uma empresa norte-americana de alimentos lançou um enlatado e o batizou de SPAM, uma abreviação para *spiced ham* (presunto condimentado). O produto era barato e foi muito consumido na Inglaterra durante o racionamento de comida após a Segunda Guerra Mundial. Na década de 1970, o Monty Python, grupo de humoristas ingleses, fez em seu programa de TV uma sátira ao produto, encenada num restaurante onde todos os pratos do cardápio eram à base de SPAM. No quadro, um grupo de *vikings* canta sem parar a canção "*Spam, spam, spam, spam, spam*, adorável *spam*! Maravilhoso *spam*!". A sátira se difundiu e usuários das primeiras salas de bate-papo começaram a citá-la, usando a musiquinha para responder às importunas e repetitivas mensagens de outros usuários, anunciando produtos e ideias. E o "spam" pegou.

NÓS DEVEMOS ESTAR EM ALGUMA LISTA DE ENDEREÇOS

Navegando em mares conhecidos | Internet: usos, abusos e netiqueta

Redes sociais

As redes sociais já são as principais formas de comunicação, interação e de compartilhamento de conteúdos. E não param de crescer. Mas, como nada é perfeito, as redes sociais também acabam sendo palco de manifestações de ódio, intolerância, preconceito e *fake news*. O segredo é: ficar ligado e saber usá-las com ética, respeito e responsabilidade.

CURTA :-)

O **Twitter**, que além de *microblog* é também uma rede social, ajuda a desenvolver a objetividade na escrita, por ser limitado a 140 caracteres. Já existem concursos literários de microcontos, inspirados nessa ferramenta.

CURTA :-)

As redes sociais são democráticas, incentivam a criatividade e a liberdade de expressão.

Para saber mais

O círculo (EUA/Emirados Árabes Unidos, 2017). No longa-metragem, funcionária de uma empresa de tecnologia vive um dilema moral sobre ética e os limites de privacidade de seus usuários, estimulados a compartilhar detalhes de suas vidas com o mundo.

Fique de OlhO 8-)

1 Você está careca de saber, mas não custa lembrar: não coloque informações pessoais no seu perfil (endereço, telefone, nome da sua escola etc.).

2 Não publique detalhes da sua rotina, como horários e lugares onde estará.

3 Não publique fotos em que seja possível reconhecer sua casa, o número dela, ou a placa do carro da sua família.

4 Lembre-se: toda imagem publicada pode ser manipulada (alterada) e republicada na internet.

5 As redes sociais já mostraram seu poder de mobilização, ajudando a solucionar, por exemplo, casos de pessoas desaparecidas (e até de animais de estimação). No entanto, boa parte das campanhas de ajuda na internet (pessoas doentes etc.) é falsa. Mas a vontade de ajudar, sabemos, é grande. Então, a menos que você tenha certeza de que essas campanhas são verdadeiras, o melhor a fazer é ignorá-las, e não passá-las para frente.

6 Criar perfil falso nas redes sociais, pode ser perigoso e até enquadrado como crime de falsidade ideológica.

7 As redes sociais são bastante utilizadas para a prática de *cyberbullying*.

8 Jamais, nunca, em hipótese alguma, aceite um convite para se encontrar pessoalmente com uma pessoa que você só conhece pelas redes sociais. Isso pode ser bem perigoso. Caso a amizade entre vocês se torne realmente importante, converse com seus pais ou responsáveis, e combinem um encontro em local público, com a presença deles.

Navegando em mares conhecidos | Internet: usos, abusos e netiqueta

Netiqueta

1. Não saia por aí convidando todo mundo para ser seu amigo. Da mesma forma, se receber um pedido de amizade de alguém que você não quer na sua lista, não tenha dúvida: ignore. Se a pessoa insistir, conte a um adulto de confiança.

2. Se pretende publicar fotos de outras pessoas na sua página, é legal pedir a autorização delas antes.

3. Ao convidar uma pessoa que você viu poucas vezes para ser seu amigo, identifique-se. Ela pode não se lembrar de você, e provavelmente ignorará seu pedido.

4. Se uma pessoa não aceitou seu pedido de amizade, não insista.

5. Você não é obrigado a aceitar todos os convites que surgem para jogos, aplicativos e eventos. Se não quiser participar, ignore-os.

Para saber mais

A Rede Social, longa-metragem vencedor de três Oscar em 2011, conta a história da criação do Facebook, num cenário ácido sobre amizade, relacionamentos, *cyberbullying*, ambição, traição e muito dinheiro.

Nadando em números

Em 2018, o Facebook ultrapassou a marca de **2,3 bilhões** de usuários no mundo.

Falando sério!

Você precisa mesmo de um milhão de amigos?

Todo "amigo" nas redes sociais é amigo de verdade?

O **Dia Mundial da Internet Segura** (*Safer Internet Day*) é uma iniciativa anual que já mobiliza mais de 100 países, inclusive o Brasil. O objetivo é promover o uso seguro e consciente da internet. A data é comemorada no mês de fevereiro, mas a gente sabe: internet segura é todo dia.

Saiba mais em http://www.diadainternetsegura.org.br
Acesso em: 31 out. 2019.

Guia para o uso responsável da internet – adolescentes

Disponível em:
https://internetsegura.br/pdf/encarte_adolescente.pdf
Acesso em: 31 out. 2019.

Navegando em mares conhecidos | Internet: usos, abusos e netiqueta 51

Blogs, vlogs e flogs

Blog vem de *weblog*, que é a junção de duas palavras: *web* – de teia, mas aqui com o sentido de rede, internet – e *log*, de registro ou diário.

Quando os *blogs* surgiram, por volta de 1997, a ideia era que fossem diários pessoais, iguais aos que as pessoas escreviam (será que ainda escrevem?) em seus cadernos, só que *on-line*. Se com os velhos diários a intenção era mantê-los em segredo, com os *blogs* é justamente o contrário. Eles evoluíram e hoje existe *blog* de tudo: artes, moda, política, receitas, games, música, tecnologia, literatura, humor, fofoca... tem até *blog* que é diário! Muitas empresas e celebridades também aderiram aos *blogs* para se comunicar com seus clientes e fãs. E existem blogueiros profissionais, que conseguiram fazer de seus *blogs* um meio de vida.

CERTO, NÓS PODERÍAMOS LER SEU BLOG... MAS SERIA MAIS FÁCIL SE VOCÊ MESMO NOS CONTASSE COMO FOI O SEU DIA NA ESCOLA...

Vlog é a mistura de blog com vídeo, utilizando serviços de streaming. Geralmente, é feito em primeira pessoa, criando uma interação direta com o público.

Onde CRIAR o seu?

Instagram

You Tube

Fique de OlhO 8-)

Quando você cria um canal no You Tube e começa a postar seus vídeos, qualquer pessoa poderá vê-los. Por isso, lembre-se de configurar as opções de privacidade e pensar bem no que vai exibir.

No Brasil, a idade mínima para gerenciar uma conta no You Tube é 13 anos.

Navegando em mares conhecidos | Internet: usos, abusos e netiqueta   53

Flog é um *blog* em que as pessoas priorizam a postagem de imagens (fotos e ilustrações) e não de textos.

Onde CRIAR o seu?

Tumblr
www.tumblr.com

54

Netiqueta

A menos que você seja uma celebridade e receba zilhões de comentários em sua página, procure sempre responder a seus seguidores. Eles merecem.

Fique de OlhO 8-)

Tudo o que você publicar, como comentários e opiniões, pode afetar outras pessoas. Pense duas vezes antes de postar afirmações ou acusações sobre coisas que você não pode provar.

Nadando em números

No Brasil, existem hoje aproximadamente **5,5 milhões** de blogs.

Em 2018, o número de usuários do You Tube chegou a **1,9 bilhão**, no mundo.

O Instagram tem **1 bilhão** de usuários no mundo.

JUVENTUDE DIGITAL

OLHA MÃE! UM TWITTER

Navegando em mares conhecidos | Internet: usos, abusos e netiqueta

Falando sério!

Todo mundo precisa de privacidade. Em tempos de internet, parece que não há mais limites entre a vida privada e a pública. Muitas pessoas publicam em suas páginas informações íntimas, contam tudo o que estão fazendo. Não se dão conta de que, assim, suas vidas são acessadas por todo o tipo de gente, conhecidos e desconhecidos. Isso é legal?

E AGORA EU OS DECLARO MARIDO E MULHER! PODEM ATUALIZAR SEUS STATUS NO FACEBOOK.

Comunicadores instântaneos

Você sabia?

O primeiro comunicador instantâneo da história foi o ICQ, criado em 1996. Conta a lenda que esse nome surgiu da frase "I seek you" ("eu procuro você"), cuja pronúncia é o som das letras i ("ai"), c ("ci"), q ("quiú"). Muitos programas vieram depois, como WhatsApp e o Telegram, mas o ICQ existe até hoje.

LOGOS: REPRODUÇÃO

Fique de OlhO 8-)

1 Converse e use a *webcam* apenas com as pessoas que você conhece, como amigos e parentes. Não adicione à sua lista de contatos pessoas que você não conhece pessoalmente.

2 Muito cuidado ao enviar, por meio de comunicadores instantâneos como WhatsApp, imagens e vídeos seus às outras pessoas, mesmo que você as conheça pessoalmente. Em especial, coisas que podem comprometer você e sua privacidade, como imagens e vídeos íntimos. Esses arquivos podem ser novamente compartilhados sem que você saiba, ou mesmo manipulados (editados).

3 Da mesma forma, caso você receba algum material comprometedor de uma pessoa, segure seus dedinhos e resista à tentação de passá-lo adiante. Isso não é nada legal e pode prejudicar muito essa pessoa.

4 Lembre-se: toda conversa pode ser impressa (o famoso "dar um *print*"). Mesmo que você a apague depois, após o *print*, ela pode virar prova perante à Justiça.

Navegando em mares conhecidos | Internet: usos, abusos e netiqueta | 57

Netiqueta

1 Oi e tchau: toda conversa precisa de começo e fim, certo? Seja educado. Espere seu amigo se despedir também antes de fechar o aplicativo.

3 Evite as maiúsculas, a menos que queira destacar uma palavra ou texto. Você já sabe: na rede, isso significa GRITAR.

4 Palavrão não pega bem. Nem com um amigo íntimo.

5 Pegue leve nos *emoticons*. Na medida certa, eles ajudam na comunicação, pois expressam os sentimentos. Em excesso, confundem e deixam a mensagem ilegível.

6 Não "fale" ao mesmo tempo que a pessoa do outro lado. Os comunicadores mostram quando o outro está digitando.

7 Ao conversar com mais de uma pessoa ao mesmo tempo, **preste atenção** para não pagar mico e enviar uma mensagem para a pessoa errada.

8 Quando estiver trocando mensagens de texto com alguém perto de outras pessoas, lembre-se de **diminuir o volume** do seu dispositivo. Ninguém merece ficar ouvindo suas notificações, não é mesmo?.

9 O áudio é um recurso muito legal, mas nem todo mundo sabe usá-lo. Ao gravar um, **não precisa falar muito alto**. Isso pode irritar quem estiver à sua volta. Ao ouvir o áudio de alguém, se houver outra pessoa perto, nada de viva-voz; basta encostar o aparelho no seu ouvido.

Compartilhando o mundo

Houve um tempo em que arquivos gigantes só podiam ser compartilhados por meio de pendrives, CDs ou DVDs. Hoje, vários serviços de computação em nuvem (um espaço virtual) oferecem o armazenamento e compartilhamento de arquivos pesados como fotos, vídeos, músicas e textos, gratuitamente ou não, e com segurança. Uma mão na roda para estudantes e profissionais.

We Transfer
https://wetransfer.com/

Sendspace
www.sendspace.com

Smash
https://fromsmash.com

Google Drive
https://www.google.com.br/drive/

Transfer Now
https://www.transfernow.net/pt/

Dropbox
https://www.dropbox.com/individual

Fique de OlhO 8-)

- Use sempre um bom programa antivírus.
- Nunca é demais lembrar: senha é coisa séria. Não compartilhe as suas, e troque-as de vez em quando.
- Armazenar na nuvem é bacana, mas não confie nela cegamente: faça sempre backups (cópias) das suas coisas em outros locais.

CURTA :-)

O compartilhamento de arquivos (texto, música ou vídeo) fica mais fácil e rápido, pois não depende de um servidor central.

Você sabia?

Muita gente atribui as invasões de sistemas na internet aos *hackers*. Mas os *hackers*, na verdade, são do bem. Confira:

Hacker é uma pessoa que entende tanto de tecnologia que é capaz de descobrir e alterar códigos de programação, com o objetivo de melhorar os programas. Há empresas que contratam *hackers* para testar seus sistemas de segurança e, assim, poder aprimorá-los.

Cracker é o *hacker* que foi para o "lado negro da Força" (numa referência ao filme *Guerra nas estrelas*). Essa pessoa usa sua inteligência para fazer o mal, invadindo *sites*, descobrindo e divulgando projetos confidenciais, prejudicando sistemas, roubando senhas, dados bancários, números de cartões de crédito e informações pessoais. *Crackers* fazem isso tanto para ficar famosos como para chantagear as vítimas. Nos Estados Unidos, as páginas do Pentágono e da Nasa são vítimas frequentes. Já no Brasil, os *crackers* gostam de invadir *sites* do governo e de bancos.

CELEBRIDADE

O rei dos *crackers* é o norte-americano **Kevin Mitnick**. Um de seus primeiros delitos foi invadir, nos anos 1970, os computadores da escola onde estudava, para alterar suas notas. Considerado uma lenda, ele agiu durante as décadas de 1980 e 1990, invadindo o *site* do FBI e de várias empresas. Chegou a ser preso. Convertido a *hacker*, Kevin virou consultor em segurança de sistemas e escreveu vários livros sobre o assunto.

Para saber mais

Conheça o "trabalho" dessas pessoas no artigo **Os 15 hackers que fizeram os maiores estragos da história**.

Disponível em: https://exame.abril.com.br/tecnologia/os-15-hackers-mais-perigosos-de-todos-os-tempos/

Acesso em 31 out. 2019.

Publicidade digital

Antigamente, os anunciantes tinham basicamente a TV, o rádio, os jornais e as revistas para divulgar seus produtos e serviços. Bem diferente dos dias de hoje, em que a publicidade está presente também em todos os meios digitais.

Anúncio do Toddy, provavelmente da década de 1950.

Fique de OlhO 8-)

1 A publicidade digital pode estimular o consumismo e a compra por impulso.

2 Os anúncios podem distrair você, fazendo com que perca a concentração no que está fazendo (jogando, fazendo pesquisas escolares etc.).

3 Alguns anúncios podem ser falsos e levar a um *site* com conteúdo impróprio. Se notar algo estranho, simplesmente saia do *site*.

4 As compras pela internet são realizadas, na maioria das vezes, por meio de um cartão de crédito. Nada de usar o cartão de seus pais sem autorização, hein? Compras pela internet devem ser feitas sempre com um adulto.

Jogos *on-line*

O avô do avô do avô dos *videogames* que você conhece hoje foi o **Telejogo**, o primeiro lançado no Brasil, em 1977 (inspirado no jogo Pong, lançado nos Estados Unidos em 1972, um dos precursores no mundo).

Tinha três jogos – futebol, tênis e paredão – e o controle ficava no próprio console. Como se jogava? Simples: conectado à TV, um ponto (a "bola") saltava de um lado para o outro da tela e, por meio do controle, o jogador tentava arremessar a bola para o outro canto.

O Telejogo II, mais "moderno", introduziu os *joysticks* e contava com dez jogos. Os *videogames* evoluíram e, hoje, graças à interface com a internet, podem ser jogados *on-line*.

Fique de OlhO 8-)

1. Jogar demais na internet pode prejudicar a saúde, os estudos e a convivência com a família – e pode viciar. Passear num parque, andar de bicicleta, ler, ir ao cinema, encontrar os amigos também é superdivertido!

2. Procure sempre jogar com pessoas que você conhece. Cuidado com desconhecidos; nunca se sabe quem está do outro lado.

3. Alguns jogos disponíveis na internet são violentos. Caia fora!

4. Há jogos que estabelecem idade mínima para participar. Vale a pena ser honesto e não entrar em um que não seja para sua idade.

5. Espírito esportivo é fundamental em qualquer lugar. Nada de provocações. E, se for o caso, saiba perder, numa boa.

Telejogo II

Lan house

Apesar de estarem em extinção (nunca foi tão fácil contratar um serviço de banda larga em casa ou um pacote de dados para o celular), as *lan houses* ainda são uma opção para quem precisa se conectar.

Fique de OlhO 8-)

1. Ao usar a internet numa *lan house* ou qualquer local de acesso público (*cybercafés* e bibliotecas, por exemplo), nunca aceite a opção de gravar senhas. Ao sair, verifique se fechou todos os programas que utilizou.

2. Não se afaste por muito tempo do seu computador, e, se tiver de fazê-lo, coloque-o no modo espera (*stand by*), configurando-o com senha para reativá-lo.

3. Nunca grave arquivos pessoais em computadores públicos; use um *pen drive* ou CD.

Navegando em mares conhecidos | Internet: usos, abusos e netiqueta

Os abusos

Apesar de muito bacana, nem só de coisas legais vive a internet. O *cyberespaço* também é infestado de ameaças, e vale a pena conhecê-las de perto para poder se proteger.

Vírus

Vírus são um tipo de *malware*, do inglês *malicious software*. São programas de computador feitos com o objetivo de roubar dados, danificar ou invadir sistemas. Eles têm esse nome porque, assim como os vírus agem no organismo dos seres vivos, esses programas se reproduzem facilmente e causam sérios danos à "saúde" do computador.

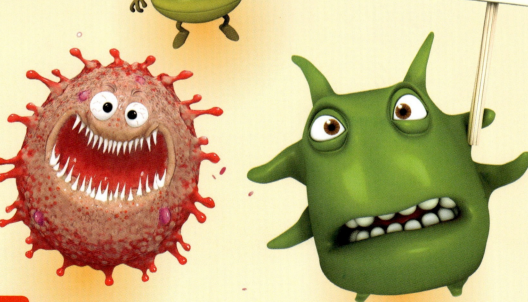

Nadando em números

O número de vírus já identificados passa de **10 milhões**, no caso do Android, e menos de **100**, para o iOS.

Fique de OlhO 8-)

1 Os vírus invadem seu computador, *tablet* ou *smartphone* pelos *e-mails* com imagens e arquivos anexados, por meio de *download* de programas ou pelo acesso a *links* maliciosos.

2 Assim como nas doenças, os vírus eletrônicos estão em constante mutação, se adaptam e se tornam "resistentes" com o tempo.

3 Evite abrir cartões virtuais e outros executáveis. Pessoas de confiança também podem, sem intenção, enviar arquivos com vírus e *links* maliciosos.

4 Peça para seus pais ou responsáveis manterem atualizado o antivírus do seu computador. Só instale em seu *smartphone* aplicativos das lojas oficiais, e leia com atenção as permissões que os aplicativos pedem durante a instalação.

Você sabia?

PARA TODO MAL, A CURA

O primeiro vírus de computador de que se tem notícia foi criado e espalhado por Robert Thomas Morris, em 1972. Batizado de Creeper (trepadeira, em inglês), ele atacou computadores da IBM, fazendo aparecer em suas telas a mensagem "I am a creeper, catch me If you can" ("Eu sou uma trepadeira, agarre-me se puder"). O primeiro antivírus foi desenvolvido em seguida.

Navegando em mares conhecidos | Internet: usos, abusos e netiqueta

Roubo de identidade (phishing)

Phishing (lê-se "físhing") é um termo inglês usado na computação e significa fraude eletrônica ou roubo de identidade *on-line*. Em português, é o equivalente a estelionato. É quando uma pessoa mal-intencionada captura informações pessoais e sigilosas, como número de documentos, número da conta bancária ou do cartão de crédito, com a intenção de roubar ou chantagear.

Fique de OlhO 8-)

Os criminosos enviam mensagens falsas, fazendo-se passar por instituições conhecidas, pedindo para a pessoa digitar números de documentos ou senhas. É nessa hora que os dados são roubados. Cuidado! Empresas idôneas jamais pedem isso a seus clientes por *e-mail*, WhatsApp, SMS ou outros meios eletrônicos.

De vez em quando, faça uma pesquisa nos *sites* de busca com seu nome completo, entre aspas, e observe os resultados, incluindo as imagens. Isso serve para ter noção de onde você está sendo citado na internet (mas lembre-se de que muita gente pode ter nome igual ao seu). Se notar algo estranho, comente com um adulto de confiança.

TIGER, EU ACHO QUE VOCÊ FOI VÍTIMA DE ROUBO DE IDENTIDADE. HÁ MILHARES DE GATOS COM SEU NOME!

Sexting

Sexting é um termo em inglês (sex = sexo; texting = envio de textos) e significa enviar mensagens eletrônicas com conteúdo íntimo ou sexual por meios digitais. É quando pessoas usam *smartphones* e *webcams* para enviar textos e fotos sensuais ou eróticas a outras pessoas.

Fique de OlhO 8-)

1. Falar sobre sexualidade é importante e ajuda a construir relacionamentos saudáveis. Porém, seu corpo e sua privacidade são valiosos demais para serem expostos na internet. Proteja-se e procure sempre conversar sobre o assunto com seus pais ou um adulto de confiança.

2. Não aceite convites para fazer ou publicar fotos sensuais. Você não distribuiria fotos do seu corpo para qualquer um na rua, certo? Fazer isso na internet é a mesma coisa.

3. Uma vez publicada ou enviada, mesmo que para uma única pessoa, a mensagem ou imagem sensual se tornará pública e você perderá o controle sobre ela. Pessoas desconhecidas, mal-intencionadas e até criminosos poderão ter acesso a ela e manipulá-la (alterá-la). Já pensou?

4. O compartilhamento, sem autorização, de conteúdo íntimo (fotos e vídeos) é crime no Brasil. Se você receber algo assim, não passe adiante.

Falando sério

VIRTUAL, SIM. POR QUE NÃO?

Muitas pessoas fazem amigos de verdade na internet. Tem gente que até se casa com pessoa que conhece na rede. Mas como identificar quem realmente só quer sua amizade?

Navegando em mares conhecidos | Internet: usos, abusos e netiqueta

Cyberbullying (bullying virtual)

Bullying é uma palavra de origem inglesa. Significa o comportamento agressivo e violento, principalmente nas escolas, feito de maneira intencional e repetida, contra um ou mais alunos.

Pode ocorrer também na vizinhança, quando alguém ou um grupo resolve implicar com um dos moradores. Os objetivos do agressor, o *bully*, são maltratar, humilhar, intimidar, amedrontar, discriminar e ameaçar a vítima.

Não há um motivo para a agressão. Pode ser a aparência, situação socioeconômica, idade ou porte físico da pessoa. A violência pode ser física e material (bater, empurrar, destruir os objetos da vítima) ou psicológica (ofender, falar mal, colocar apelidos pejorativos).

Como o mundo virtual é um espelho do mundo real, o *bullying* também ocorre na internet. É o *cyberbullying*, prática cruel que vai muito além dos muros das escolas. Aqui, os *cyberbullies* utilizam recursos eletrônicos, como *smartphones*, *webcams*, mensagens instantâneas (como o WhatsApp) e redes sociais. Por meio dessas ferramentas, o agressor envia mensagens, divulga imagens, faz fofocas.

O caso é sério e não pode ser encarado apenas como uma brincadeira entre colegas. Para piorar, o *cyberbullying* conta com o anonimato, ou seja, não se sabe quem está promovendo as agressões. O agressor se utiliza de apelidos (*nicknames*) ou nomes de personagens e celebridades. A agressão pode durar anos. As vítimas do *bullying* ou *cyberbullying* sofrem muito com esse comportamento.

Para saber mais

Bully: no bullying

Carolina Giannoni Camargo

Disponível em: http://www.bullynobullying.blogspot.com

Nesse *blog*, a pedagoga Carolina Giannoni Camargo dedica-se à divulgação de pesquisas e de depoimentos sobre o fenômeno *bullying*.

Acesso em : 31 out. 2019.

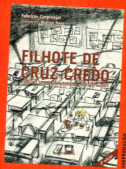

SaferDic@s

SaferNet Brasil

Disponível em: http://www.safernet.org.br/site/sites/default/files/cartilha-site.pdf

Essa cartilha elaborada pela equipe da SaferNet Brasil – entidade que atua no combate aos crimes e violações dos direitos humanos na internet – traz dicas de segurança, organizadas por assunto.

Acesso em : 31 out. 2019.

É quase uma autobiografia, onde o autor conta, com uma dose de bom humor, como enfrentou o *bullying* na infância.

CARPINEJAR, Fabrício. **Filhote de cruz-credo: A triste história alegre de meus apelidos.** 2.ed. São Paulo: Girafinha, 2011.

Bullying: Cartilha 2010 – Projeto Justiça nas escolas

Ana Beatriz Barbosa Silva

Disponível em: http://www.truzzi.com.br/blog/wp-content/uploads/2010/10/Cartilha_Bullying_CNJ.pdf.

Nessa cartilha, a autora explica, por meio de perguntas e respostas, o que é *bullying*, como identificá-lo e combatê-lo.

Acesso em : 31 out. 2019.

Nessa obra, a autora vai fundo na análise do *bullying*, o mais triste e perverso fenômeno que pode acontecer no ambiente escolar.

SILVA, Ana Beatriz Barbosa. **Bullying: Mentes perigosas nas escolas.** Rio de Janeiro: Fontanar, 2010.

O livro mostra as fronteiras entre o que parece uma simples brincadeira e o que pode se transformar em agressão.

MALDONADO, Maria Tereza. **Bullying e cyberbullying: O que fazemos com o que fazem conosco?** São Paulo: Moderna, 2011.

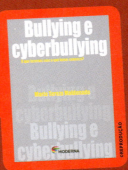

Navegando em mares conhecidos | Internet: usos, abusos e netiqueta

Fique de OlhO 8-)

1 Não envie mensagens que possam ofender outras pessoas. Não repasse nada que achar ofensivo, pois fazendo isso você também vai colaborar com a agressão.

2 A difamação, uma das formas do *bullying / cyberbullying*, é crime previsto em lei e há punição.

3 Se desconfiar de que alguém está praticando o *cyberbullying*, conte a um adulto de confiança. Se souber de uma pessoa que esteja sofrendo com isso, dê uma força e encoraje-a a procurar ajuda.

4 Se você for vítima de *cyberbullying*, nunca responda às provocações, pois isso faz o agressor se sentir mais poderoso ainda. Não tenha medo e peça imediatamente ajuda a um adulto de confiança. Salve as mensagens ofensivas que recebeu, pois elas servirão como provas.

Falando sério !

Como diferenciar uma simples brincadeira entre colegas de situações de *bullying* e *cyberbullying*?

Você sabia?

VALENTÃO

A tradução mais aproximada para o termo *bully*, em português, é "valentão".

70

Comportamento de perseguição (stalking behavior e cyberstalking behavior)

O termo vem do inglês (stalking = perseguição e behavior = comportamento) e significa o comportamento de perseguição, sem motivo lógico, no qual a vítima tem sua privacidade invadida. Na internet, esse crime ganha o nome de cyberstalking behavior. É quando alguém "encana" com uma pessoa e fica insistentemente enviando mensagens pelo WhatsApp, Messenger, Direct/Instagram e outros. Geralmente, a vítima não quer o contato, mas o "stalker" é insistente, tornando-se inconveniente e, às vezes, até perigoso. É diferente do bullying e do cyberbullying, pois o agressor não tem interesse em humilhar a vítima publicamente.

Fique de OlhO 8-)

1 Cuidado com um desconhecido que se aproxima porque tem uma admiração inexplicável por você. Se você der bola, ele não vai parar de abordá-lo.

2 Pessoas com esse tipo de comportamento podem ser violentas e precisam de ajuda psicológica.

3 Se você for vítima de um *stalker* ou *cyberstalker*, não responda aos contatos. Conte tudo a um adulto de confiança e procurem ajuda.

Drogas digitais sonoras (drogas eletrônicas ou e-drugs)

São músicas ou efeitos sonoros que alguns *sites* oferecem. Quando ouvidos, o cérebro é estimulado por meio de um fenômeno neurológico, e a pessoa fica com sensação de euforia ou relaxamento.

Fique de OlhO 8-)

Apesar de não serem proibidas, os efeitos das *e-drugs* ainda são desconhecidos. Estudiosos alertam que, com o tempo, as drogas digitais podem prejudicar as funções cerebrais. Portanto, a dica é: fique longe.

Quiz
Que tipo de internauta você é?

1 Um amigo que você só conhece pelas redes sociais o convida para um encontro ao vivo e em cores. Você:

a) Não topa.

b) Topa e sugere o dia, a hora e o local.

c) Diz que vai responder depois e, em seguida, troca uma ideia com seus pais.

2 Você recebe uma mensagem um pouco estranha de um amigo, pedindo para clicar num *link*. Você:

a) Não clica e exclui a mensagem.

b) Clica no *link*, afinal, foi seu amigo que enviou e ele é gente boa.

c) Quase clica, mas resolve checar antes com o amigo.

3 Está rolando entre a turma da escola um vídeo que alguns alunos fizeram sobre um colega, imitando o jeito de ele falar e ridicularizando o cabelo dele. O colega ficou bem chateado. Você:

a) Mostra o vídeo para a direção da escola.

b) Compartilha o vídeo, porque é muito engraçado.

c) Ri, mas não compartilha o vídeo.

4 As fotos do seu aniversário ficaram superlegais. Você:

a) Pergunta aos amigos que aparecem nelas se eles autorizam a postagem nas redes sociais, configurando as opções de privacidade.

b) Posta as fotos nas redes sociais no modo "público", para todo mundo ver como a festa foi bacana.

c) Posta as fotos nas redes sociais, mas antes configura para que somente seus amigos e familiares possam vê-las.

5 Ao se cadastrar num *site* de jogos, é preciso criar uma senha. Você:

a) Cria uma senha misturando o nome do seu bisavô com o ano que seus pais se casaram.

b) Usa a data do seu aniversário.

c) Escolhe três letras e três números no teclado do computador, em sequência, para ficar mais fácil de lembrar.

6 **Você recebe pelo WhatsApp uma notícia bombástica sobre um cantor famoso. Você:**

a) Lê a mensagem e a apaga, pois você tem mais com o que se preocupar.

b) Repassa a mensagem para todos os seus contatos.

c) Checa se a notícia é verdadeira e só depois envia a seus contatos.

7 **Em casa, você costuma perguntar para seus pais se o antivírus do computador está atualizado?**

a) Sempre.

b) Anti o quê?

c) Só de vez em quando, porque eles é quem cuidam disso e você não precisa se preocupar.

Resultados

SUPER-RESPONSÁVEL

Maioria "a": parabéns! Você é um internauta ético e consciente. Continue de olho nas nossas dicas e curta o *cyberespaço*.

DESLIGADÃO

Maioria "b": para tudo! Você precisa, urgentemente, aprender mais sobre ética e segurança na *web*. Leia esses capítulos de novo, dez vezes!

CUIDADOSO

Maioria "c": legal! Você mostrou que se preocupa com ética e segurança, mas ainda precisa de orientação. Continue lendo sobre o assunto e conversando com seus pais.

"SEU RAIO X MOSTROU UMA COSTELA QUEBRADA, MAS NÓS CORRIGIMOS COM O PHOTOSHOP."

Mantendo a conexão

Cá entre nós: antes de ler este livro, você imaginava que a internet, além de informar e divertir, fosse responsável por tantas mudanças de comportamento ou que oferecesse algum perigo? Talvez não. Agora que você está por dentro do assunto, o importante é ficar esperto. Com pequenos cuidados, dá para curtir a internet inteira.

Todo dia tem novidade na *web*. É esse dinamismo, mais a facilidade de acesso, que a tornam tão fascinante. Por isso, é superimportante que a discussão sobre ética e segurança na rede não pare aqui, na última página. Na verdade, é aqui que ela começa.

Que tal compartilhar com seus amigos a importância de usar a *web* de maneira ética e segura? Assim, eles também repassarão as dicas aos amigos, que farão o mesmo para outros amigos, numa corrente contra os abusos no *cyberespaço*. Quanto mais pessoas se conscientizarem, melhor. Não custa relembrar: somos nós que fazemos a internet.

Esperamos que você tenha gostado deste livro. O que a gente quer mesmo é ver você navegando por aí, com os ventos sempre a seu favor.

Silmara Franco

Por que, ao final dos livros, há sempre uma referência bibliográfica ou bibliografia consultada ou apenas bibliografia? Será que a gente tem de prestar atenção nisso?

SIM, com certeza! Ainda mais em tempos de internet, onde parece que todo mundo sabe sobre tudo e é fácil se perder num "mar de informações"!

A bibliografia é o conjunto de referências que o autor usou para compor seu livro; são as fontes – que, espera-se, sejam sempre fidedignas, confiáveis – que ele usou para assegurar – ou não – o que diz no seu livro.

E elas são fundamentais para quem quer saber se pode confiar no que leu, para quem quer continuar sabendo mais sobre o assunto ou ainda para quem quer ensinar sobre ele.

Então, bom proveito desta aqui, que preparamos cuidadosamente para você!

Sites:

Acervo Folha. Disponível em: <http://acervo.folha.com.br/index.do>.

Acervo Jornal do Brasil. Disponível em: <https://news.google.com/newspapers?nid=0qX8s2k1IRwC>.

Acervo Revista Veja. Disponível em: <http://acervo.veja.abril.com.br>.

Antispam.br Disponível em: <http://www.antispam.br/historia>.

BBC Brasil. (British Broadcasting Corporation). Disponível em: <http://www.bbc.co.uk/portuguese>.

***Blog* da Rosely Sayão**. Disponível em: <http://www1.folha.uol.com.br/colunas/roselysayao>.

Brasil Escola. Disponível em: <http://www.brasilescola.com>.

Brasileiro está no ranking dos 10 canais do You Tube mais seguidos do mundo. Disponível em: <https://forbes.uol.com.br/colunas/2018/01/brasileiro-esta-no-ranking-dos-10-canais-do-youtube-mais-seguidos-do-mundo/>.

Campus Party. Disponível em: <http://brasil.campus-party.org>.

Canal Kids. Disponível em: <http://www.canalkids.com.br>.

Como tudo funciona (How Stuff Works). Disponível em: <http://digitaldrops.com.br/2010/12/howstuffworks-entenda-como-tudo-funciona.html>.

Computer History Museum (Museu da História do Computador). Disponível em: <http://www.computerhistory.org>.

De tudo um pouco (*blog* de Gloria Perez). Disponível em: <http://gloriaperez.com.br>.

Facebook. Disponível em: <www.facebook.com>.

Guia dos Curiosos. Disponível em: <http://www.guiadoscuriosos.com.br>.

História de tudo. Disponível em: <http://www.historiadetudo.com/videogame.html>.

Hormel Foods (SPAM). Disponível em: <http://www.hormelfoods.com>.

IBOPE. Disponível em: <www.ibope.com.br>.

InfoEscola. Disponível em: <http://www.infoescola.com>.

Instituto Alana. Disponível em: <http://www.alana.org.br>.

Internet World Stats. Disponível em: <http://www.internetworldstats.com>.

Jess3 / The State of The Internet. 2010. Disponível em: <http://jess3.com/the-state-of-the-internet>.

Portal Brasil. Disponível em: <http://www.brasil.gov.br>.

Raytheon BBN Technologies. Disponível em: <http://bbn.com>.

Revista Exame. São Paulo: Editora Abril, 14 set. 2010. Disponível em: <http://exame.abril.com.br>.

Revista Galileu. 219. ed. São Paulo: Editora Globo, out. 2009. Disponível em: <http://revistagalileu.globo.com>.

Revista Prolíngua. Paraíba: Proling/UFPB, v. 2, n. 1, jan./jun. 2009. Disponível em: <http://periodicos.ufpb.br/ojs2/index.php/prolingua>.

Revista Superinteressante/Editora Abril. Disponível em: <http://super.abril.com.br>.

Revista Viração. São Paulo, ano 9, ed. 71, abr. 2011. Disponível em: <http://www.issuu.com/viracao/docs/edicao_71>.

Royal Pingdom. Disponível em: <http://royal.pingdom.com>.

SaferNet Brasil. Disponível em: <www.safernet.org.br>.

Tech Tudo. Disponível em: <http://www.techtudo.com.br>.

UOL Jogos. Disponível em: <http://jogos.uol.com.br>.

UOL Tecnologia. Disponível em: <http://tecnologia.uol.com.br>.

Wikipédia. Disponível em: <http://pt.wikipedia.org>.

Artigos e livros:

ASSMANN, Hugo (Org.). **Redes digitais e metamorfose do aprender**. Petrópolis: Vozes, 2005.

BARONE, Vanessa. **Descomplique!** Um guia de convivência e elegância. São Paulo: Leya, 2010.

FREITAS, Maria Teresa de Assunção; COSTA, Sérgio Roberto (Org.). **Leitura e escrita de adolescentes na internet e na escola**. Belo Horizonte: Autêntica, 2005.

GUIZZO, Érico. **Internet:** O que é, o que oferece, como conectar-se. São Paulo: Ática, 1999.

LÉVY, Pierre. **Cibercultura**. Tradução de Carlos Irineu da Costa. São Paulo: Editora 34, 1999.

MENEGUEÇO, Bruna; MARCUCCI, Cíntia; CARPEGIANI, Fernanda. **O mergulho perfeito na internet**. Revista Crescer, São Paulo, p. 34-47, jan. 2011.

MUR, Víctor. **As "e-drugs", novo fenômeno da internet, invadem a França**. Disponível em: <https://www1.folha.uol.com.br/tec/781229-as-e-drugs-novo-fenomeno-da-internet-invadem-a-franca.shtml>.

SILVA, Ana Beatriz Barbosa. **Bullying: Cartilha 2010 – Projeto Justiça nas escolas**. Disponível em: <http://www.truzzi.com.br/blog/wp-content/uploads/2010/10/Cartilha_Bullying_CNJ.pdf>.

SILVA, Ana Beatriz Barbosa. **Bullying:** Mentes perigosas nas escolas. Rio de Janeiro: Fontanar, 2010.

VALLS, Álvaro L. M. **O que é ética**. 9. ed. São Paulo: Brasiliense, 1994. (Coleção Primeiros Passos, n. 177)

VAZ, Ana. **Pequeno livro de etiqueta**: Guia para toda hora. 3. ed. Campinas: Verus, 2010.

Sites acessados em: 31 out. 2019.

Sobre a autora

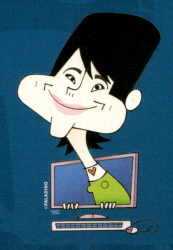

Muito prazer, Silmara Franco, fissurada em internet.

Nasci em 1967, no bairro paulistano da Mooca, onde vivi por mais de trinta anos. Desde 2002, moro em Campinas, interior de São Paulo, com minha família e meus gatos.

Aos 14 anos, resolvi estudar Edificações. Queria ser arquiteta. Mas a vida deu algumas voltas e virei publicitária.

Em 1996, época em que eu trabalhava no jornal *Folha de S.Paulo*, acompanhei o nascimento do UOL, que se transformaria num dos principais provedores brasileiros de conteúdo e serviços na internet. Não me esqueço de uma prancha de surf que ficava na redação – símbolo da expressão "surfar nas ondas na *web*". Eu não sabia direito o que era a internet. E aquela prancha não tinha ideia do tamanho do mar que se abriria diante dela.

Mais algumas voltas, virei blogueira. Desde 2009, mantenho um *blog* de crônicas (www.fiodameada.wordpress.com). Um dos meus temas preferidos, claro, é a internet.

Outras voltas, e virei escritora. Esta é minha primeira obra como autora, e fico feliz por escrever sobre um assunto que gosto tanto. Publiquei também, para esta coleção, o livro "**Você precisa de quê? A diferença entre consumo e consumismo**", indicado ao Prêmio Jabuti na categoria Didático e Paradidático (2017).

Sou uma internauta voraz, só não estou conectada quando estou dormindo. Antes de sair de casa, checo se estou levando *smartphone* e documentos – nessa ordem de importância. Sou louca pelas redes sociais e dependente dos aplicativos de mensagens.

Estou à espera das próximas voltas da vida. E não importa aonde elas me levem, contanto que lá tenha uma boa conexão.

Silmara Franco